最短で
運命の人をみつける！

左脳で婚活

株式会社 Weave 代表取締役
恋愛コンサルタント　山本 早織

サンルクス

はじめに

　今、日本では結婚した夫婦の約3組に1組が離婚している
といわれています。生涯独身率も高まり、「結婚しない人生」
を選ぶ人も増えています。それでもやはり「結婚したい」と願
う人は多いのではないでしょうか。

　私もそんな1人でした。20代で、大恋愛の末に結婚。しか
し、わずか2年で破局しました。「大好きな人と結婚したのに
なぜ続けられなかったのか？」と自分を責め、将来に対する不
安と孤独を抱えた日々の中で、私は「結婚とは何か？」を問い
直しました。そして、心理学や脳科学を学び、結婚は恋愛とは
違うことに気付きました。恋愛のように感覚や感情（右脳）に
頼るのではなく、論理的に分析する力（左脳）を働かせること
こそ、幸せな結婚をつかみ取る方法だと確信したのです。私自
身も、左脳を働かせて現在の夫と出会い、息子を授り、結婚は
人生を豊かにしてくれるものだと実感しています。

だからこそ、「結婚したい」と願う人がいるなら、ぜひその夢を実現し、幸せになってほしい。——そんな想いでこの本を作りました。

　この本の目的は、「自分が本当に大切にしたい価値観」を見つめ直し、その価値観に合った理想の結婚相手をみつけることです。単なる婚活マニュアルではありません。私自身の経験と、恋愛コンサルタントとして延べ１万人以上をサポートしてきた実績から編み出した「左脳を働かせる婚活メソッド」に基づいて構成されています。

　あなたが本当に求めている幸せを見つけ、最短で運命のお相手に出会うために、ぜひ活用してください。

山本 早織

Contents

Chapter 1

自分の生い立ちや恋愛経験を 振り返ってみましょう

Contents

新たな人生を踏み出そうと
しているあなたへのエール

column

appendix ✤ 婚活トラブル防止策

この本の使い方

この本の目的である

「左脳を働かせて最短で運命の人をみつける」には、

自分自身の考えを言語化することが必要です。

そのために、過去、現在、未来の３つのチャプター

に分かれた、全51個の質問と６つのワークを用意しました。

Lesson1 から順に取り組むことで、

自分が本当に幸せになれる条件と理想のお相手像を

明確にしていきます。

各 Lesson の前には導入ページがあります。

それぞれのテーマについて考えを整理してから

質問やワークに取り組むことで、

より深く自分自身を見つめ直すことができます。

難しい質問は無理せず飛ばして構いません。

まずは進めてみましょう。

後から読み返して気づくことも多いはずです。

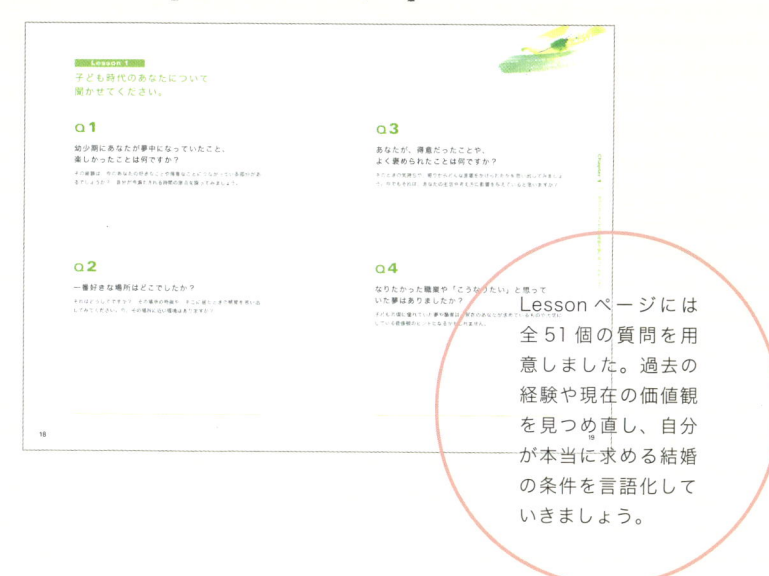

Lesson ページには全 51 個の質問を用意しました。過去の経験や現在の価値観を見つめ直し、自分が本当に求める結婚の条件を言語化していきましょう。

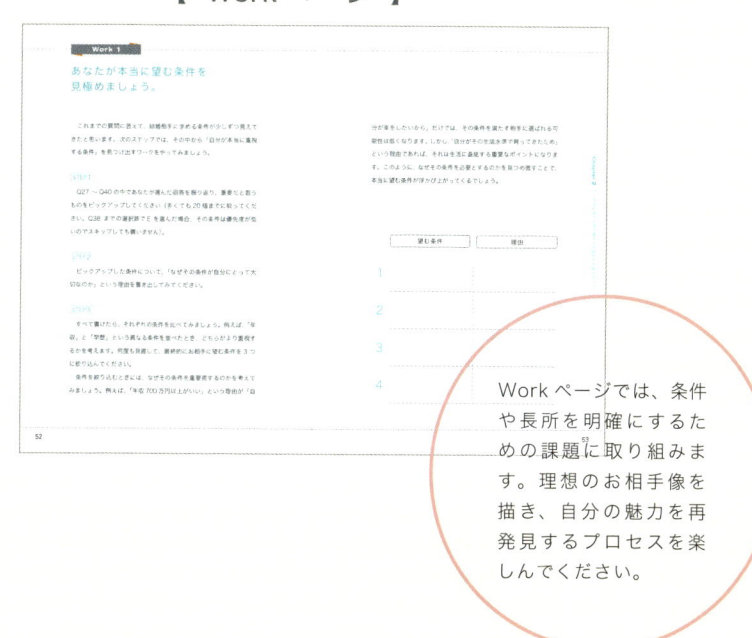

Work ページでは、条件や長所を明確にするための課題に取り組みます。理想のお相手像を描き、自分の魅力を再発見するプロセスを楽しんでください。

左脳を使った 婚活のススメ

「早く結婚したい」「素敵なパートナーをみつけて幸せになりたい！」——この本を手に取ったあなたは、まさに今、幸せな結婚生活を夢見て婚活を始めようとしているところでしょう。既に婚活を始めていて、うまくいかないと悩んでいる人もいるかもしれません。

　この本は、そんなあなたが、本当にふさわしい運命の結婚相手を少しでも早くみつけ、幸せな人生を手に入れられるように作りました。質問に答えながら進めていくことで、自分が大切にしている価値観や理想のお相手の条件が明らかになっていくように構成しています。

　婚活に真剣に取り組むか、ただなんとなく進めるかで、その後の人生は大きく変わります。恋愛においては、「ピンとくる」「好き」「尊敬できる」といった感覚や感情、つまり右脳的な判断に頼ることが多いと思います。それと同じように、婚活においても多くの人が、一時的な感情や感覚、あるいは年収や身長などの表面的な条件に重きを置いてお相手を選びがちです。しかし、婚活を成功させるために最も大切なのは、「自分が人生で何を大事にしているのか」という価値観に気付くことです。

そのためには、右脳ではなく、論理的思考や分析などを司る左脳を使って婚活を進めたほうが、はるかに高い確率で、早く幸せな結婚生活を手に入れることができます。

　感覚や感情は、その日の体調や環境の変化などのちょっとしたことで簡単に左右されます。特に 30 代に入ってからの婚活では、20 代までの恋愛と同じように感覚や感情で判断して進めてしまうと、パズルのピースがうまくはまらないと感じることが増えてきます。

　これは、人生経験や仕事のキャリアを重ねたことで、自身の価値観が確立され、心地良く感じる時間や許せないことに対するこだわりが強くなってくるからです。そのような状態で、恋愛と同じように、一時的な感情だけでお相手を受け入れてしまうと、お相手が自分とは異なる価値観や習慣を持つ場合には、いずれ拒否反応を感じやすくなります。

　一時的な感情に流されず、本当に自分に合った運命の人をみつけるためには、左脳を使って自分の価値観やお相手の条件を冷静に分析し、理想のパートナー像を言語化することが成功への近道です。言葉にすることで、明確な価値基準ができ、出会っ

たお相手が自分の理想にかなっている人なのかを冷静に判断しやすくなります。

　この本では、51 個の質問と 6 つのワークを通じて、左脳を使って自分の価値基準を明確にし、理想のお相手像を見極めていきます。幼少期の体験や恋愛経験、今の生活で大切にしていること、そして、未来の自分の姿と向き合いながら、本当に求めているもの、妥協できるポイント、重視する条件を具体的に書き出していきましょう。

　左脳を使って婚活を進めると、自己分析ができ、自身の成長にもつながります。自分の価値基準が明確になることで、大切なものが変わってくる場合もあります。妥協した結婚では、幸せな結婚生活を築くことはできませんが、そのように成長した自分から見ると、それまで妥協だと思っていたことが、妥協ではなくなり、むしろ愛情が深まるきっかけになることもあるのです。

　そして、その成長は、結婚後の生活にもきっとプラスの影響を与えてくれます。さあ、幸せな結婚生活へ向けて歩き出しましょう。

Chapter 1

Your background

自分の生い立ちや
恋愛経験を
振り返ってみましょう

自分の幼少期を
振り返ってみましょう

これから婚活を始める前に、まずは子どもの頃の自分に目を向けてみましょう。そこには、未来を切り開くヒントが隠れているかもしれません。

人は12歳頃までに「人生のシナリオ」を無意識に作り、そのシナリオが正しいと証明するかのように人生の選択や行動を重ねる、という説の「交流分析」という心理学があります。もし、幼少期の失敗体験からネガティブなシナリオを作ってしまった場合、大人になってからも、同じ失敗につながるような行動を取り続け、「自分のシナリオが正しかった」ことを裏付けるのです。そのため、子どもの頃の体験は、その人の人生観や生き方に大きく影響すると考えられています。

例えば婚活においても、この「人生のシナリオ」が無意識に働くことがあります。子どもの頃にリーダーシップを発揮していた人は、恋愛でも主導権を握りたがる傾向があるかもしれません。新しい出会いで失敗した経験が強く残っている場合は、婚活でも出会ったことのないタイプの相手を避けてしまい、成婚までに時間がかかることもあるでしょう。また、幼少期に結婚に対して否定的なイメージを持っていたなら、無意識に婚活にブレーキをかけてしまう可能性もあります。子どもの頃を振

り返ることは、こうした行動パターンに気付き、自分の選択がどこから来ているのかを冷静に見つめ直すきっかけになります。

　次の Lesson1 では、あなたの幼少期について、8 つの質問を用意しました。「どうすれば自分は幸せを感じられるのか」「何を大切にすれば満たされるのか」という、自分が幸せになるための取扱説明書を作るつもりで取り組んでみてください。自分にとっての「幸せの条件」が明確になると、あなたが婚活や人生の中で迷ったときや、ネガティブな行動を繰り返しそうになったときに、ポジティブなシナリオに書き換える手助けとなるはずです。最初に作るこの取扱説明書が、あなたの幸せな毎日を引き寄せる力になります。

　婚活を成功させるためには、まず自分自身をしっかりと理解し、満たすことが大切です。自分が幸せな状態に満たされていれば、自然とお相手にも良い影響を与えることができます。

　そして、婚活を始めてみてうまくいかないと感じたときも、この Lesson1 に戻ってみてください。子どもの頃の自分から、前向きに進むための力や打開策が得られるはずです。

子ども時代のあなたについて
書いてみましょう

Q1

幼少期にあなたが夢中になっていたこと、
楽しかったことは何ですか？

その経験は、今のあなたの好きなことや得意なことにつながっている部分があるでしょうか？　自分が今満たされる時間の原点を探ってみましょう。

Q2

一番好きな場所はどこでしたか？

それはどうしてですか？　その場所の特徴や、そこに居たときの感覚を思い出してみてください。今、その場所に近い環境はありますか？

Q3

あなたが、得意だったことや、
よく褒められたことは何ですか？

そのときの気持ちや、周りからどんな言葉をかけられたかを思い出してみましょう。今でもそれは、あなたの生活や考え方に影響を与えていると思いますか？

Q4

なりたかった職業や「こうなりたい」と思って
いた夢はありましたか？

子どもの頃に憧れていた夢や職業は、現在のあなたが求めているものや大切にしている価値観のヒントになるかもしれません。

Q5

家族や友達の中で、あなたはどんな「役割」を果たしていたと感じますか？

ムードメーカーやリーダーなど、周囲のために取っていた行動や関係性を振り返ってみてください。今の人間関係や行動パターンに影響しているでしょうか。

Q6

失敗や挫折、悲しかった出来事で、今も記憶に残っていることはありますか？

その経験が、無意識のうちに自分の選択や行動にブレーキをかけていることがあります。今の自分にどのような影響を与えていると感じますか？

Q7

最も影響を受けた大人（親、先生、親戚、友達の親など）や、映画、本、または出来事は何ですか？

特定の一つに絞らなくても大丈夫です。どんな部分に影響を受けましたか？
その影響は今も続いているでしょうか？

Q8

結婚に対して、子どもの頃はどんなイメージを
持っていましたか？

両親や周りの大人、映画やテレビ、マンガなどから得た漠然とした結婚観でも
構いません。その当時のイメージは、今の結婚観に影響を与えていますか？

恋愛経験を振り返ってみましょう

過去の恋愛経験から、自分の恋愛におけるパターンや「思考のクセ」を読み取ってみましょう。

結婚願望があるのに「交際相手と成婚に至らない」「自分に合う人と出会えない」「好きな人から愛されない」——あなたは、ずっと同じような悩みを抱え続けてはいませんか？

状況やお相手が違っても、うまくいかないことが続くなら、もしかすると、その原因は、恋愛や人間関係に対するあなたの「思考のクセ」が影響しているのかもしれません。このクセは、無意識のうちに習慣化しているため、自分では気付きにくいですが、過去の恋愛を振り返ることで、明らかになることがあります。例えば、「職場や学校など身近な環境でしか出会いがない」「いつも交際が長続きしない」「別れ話は相手にさせてしまう」など、あなたが繰り返してきた恋愛パターンはありませんか？　そこには、「警戒心が強い」「後先を考えず感情に流されやすい」「傷つくことを避けたい」など、あなたの行動や選択に無意識的に影響を与えてきた気持ちや考え方があるはずです。

婚活を成功させるためには、自分の恋愛傾向や行動パターンを振り返り、そういった「思考のクセ」に気付き、うまくいか

なかった原因を見極めることが大切です。

　次ページからは、過去の恋愛経験を振り返るための質問を用意しました。友達に恋バナをするつもりで気軽に答えてみてください。交際経験がない人も、「どういうタイプの人に惹かれるのか」「なぜ関係が進展しないのか」など、自分の状況を見つめ直すきっかけにしてください。

　どんな選択をしたらうまくいき、どこでつまずいたのか。その答えが分かれば、婚活の成功に向けた具体的な1歩が見えてきます。

　同じ失敗を繰り返してきた人は、この機会にこれまでと異なるアプローチを試し、理想のお相手との新しい未来を切り開いていきましょう。

これまでの恋愛経験について
書いてみましょう

Q9

これまでに恋愛対象として好意を抱いた人、または付き合ったことのある人はどんな人ですか?

複数人いる場合は、その中でも特に良い印象や思い出が残っている人を
振り返ってみてください。

Q10

そのお相手とは、どこで出会いましたか?

職場、学校、友人の紹介、SNS、趣味の場など、恋愛感情が生まれた環境には
どんな特徴があるかを考えてみましょう。

Q 11

お付き合いが始まったきっかけは、どのようなものでしたか？

自分から積極的に進めましたか？　それとも相手からのアプローチでしたか？
あるいは、自然な流れで始まりましたか？

Q 12

あなたが恋愛感情を抱く人には、どんな共通点があると思いますか？

外見や性格、価値観、行動パターンなど、自分が惹かれる共通ポイントを
挙げてみてください。なぜそこに惹かれるのかも考えてみましょう。

Q 13

好きな人との関係で、「心地良い」「うれしい」と感じるのはどんなときでしたか？

お相手のどんな行動に、または2人でどんな体験をしたときに、安心感や喜びを感じましたか？　今のあなたに影響しているのかも探ってみましょう。

Q 14

お相手との関係は、どれくらいの期間続くことが多いですか？

短期間で終わることが多いですか？　それとも長く続く傾向がありますか？
付き合ったことがない場合は、片思いが続いた期間を振り返ってみてください。

Q 15

お付き合いが終わる、または片思いのまま進展しなかった原因は、どんなことが多いですか？

あなたから終わらせた場合も、相手からの場合も、そのときの状況を振り返ってみましょう。次の恋愛や成長につながるヒントになるかもしれません。

Q 16

もし違うアプローチを取っていたら、結果は変わっていたと思いますか？

自分の振る舞いや考え方、お相手を選ぶ基準などに何か原因があったと感じますか？　その経験が次にどう活かせるか考えてみましょう。

結婚と恋愛の違い

　私は27歳で4年間の遠距離恋愛の末に1度目の結婚をしました。大好きだったはずなのに2年で離婚。そのとき「結婚と恋愛って全然違う」。そう感じました。恋愛の延長に結婚があると思い、ある意味、夢見る夢子状態で結婚をしてしまったのです。しかし結婚は恋愛の延長にはありません。恋愛の延長にあるのは別れだと、私は自分の経験から断言できます。

　では長く続く結婚とは？　それは「前提に結婚がある恋愛」です。とりあえず付き合ってみようと始めた恋愛は、どちらかに相当な覚悟があれば別ですが、多くの場合、1年以内に破局しがちです。

　「次のパートナーとは結婚をしたい」。そう考えるなら、結婚を前提とした恋愛をスタートさせましょう。理想の結婚を手に入れるためには、アドレナリンやドーパミンを出して恋愛モードに高ぶるのではなく、気分を安定させるオキシトシンやセロトニンを分泌させながら、冷静に結婚相手としてふさわしいかどうかを分

析する必要があります。互いの価値観や考え方を知ることも重要ですが、まずは自分自身が今後の人生をどうしたいか、今のライフスタイルの中で絶対に外せない大切な価値観や、育ってきた環境で得た結婚に対する価値観などを言語化することがとても重要です。

1度目の結婚で、私はいつか彼が職を失ったり、新たな挑戦をしたりしたときに、彼を支えたいと思い仕事をしていました。しかし実際のところ彼は、自分を支えるために主婦業を重んじてほしいと思っていたのです。見ている未来が異なると、行動の選択は変わります。2度目の結婚では、私は、自分が自己実現できる相手を選ぶと決めました。今の夫は、基本的なことをやっていれば「好きなことをしてね」という姿勢なので、私は自分らしく、輝くことができます。

恋愛はプライベートの一部、結婚は生活です。どんな相手と共に未来への道を歩むのか、その道はどこに向かっているのかを今一度考えてみましょう。

恋愛の PDCA を回す

うまくいくとき、うまくいかないとき、どちらにも必ず「原因」が存在します。これは、人間は思い込みによって行動し、その行動によって結果が引き起こされる、という英国作家ジェームズ・アレンの「原因と結果の法則」の考え方ですが、私たちも仕事などでは無意識的にこのような考え方を実践しています。

例えば、仕事でミスをして上司に怒られたりした場合、「なぜそうなってしまったんだろう？　次はその原因を取り除いて成功させよう」と考えますよね。ビジネス書を読む人なら「PDCA（Plan：計画を立て、Do：行動し、Check：振り返り、Action：改善する）を回す」という言葉をご存じでしょうか。この PDCA は婚活にも有効です。今まで多くの方の婚活を見てきましたが、大成功している経営者でも、残念ながら恋愛においては、うまくいかない原因を明確にせず、恋の PDCA を回すことなく、行き当たりばったりを繰り返している人が多く見受けられました。

今、あなたに起きている現実には必ず原因があり、その原因を変えるだけで、これから起こる未来が変化します。婚活でPDCAを回すには、まずは惹かれやすい人の特徴や別れるときのパターンなど、自らの恋愛経験を振り返り、過去のデータから破局の原因を突き止めてください。例えば、「なかなか交際に発展しない」人は、警戒心が強く、学校や職場など、よく顔を合わせる場だけに出会いを求めがちです。「交際しても長続きしない」人は、「とりあえず付き合ってみる」という軽い気持ちで恋愛を始めているかもしれません。また、恋愛経験がない人なら、「フラれるのが怖い」という気持ちが強く、人との距離を詰めることに消極的になっている可能性があります。過去の恋愛パターンに、あなたの「思考のクセ」が表れていないでしょうか。

　婚活は左脳を働かせ、自らを分析することが成功のカギです。行動する前に計画を立て、今までの失敗を繰り返さないようにしていきましょう。

Chapter 2

Find your ideal partner

本当に自分に合う
運命のお相手を
見極めましょう

マイルールを明確にしましょう

　自分にとって本当にふさわしい結婚相手をみつけるために、まずは、「あなたが幸せに生活するための基準＝マイルール」を明確にしましょう。それによって、お相手選びの基準も、より具体的に見えてきます。

　結婚は、ライフスタイルの延長にあるものです。あなたが日々の生活を送る上で大切にしている価値観やルールは、結婚しても基本的に変わることはありません。「結婚したら相手に合わせて生活すればいい」という考え方があると、我慢を強いられる場面が増え、幸せな結婚生活を長く続けることは難しくなるでしょう。

　恋愛は、共に過ごす「ひととき」が楽しいだけでも成り立ちますが、結婚は、お相手と長い時間をかけて一緒に生活していく「人生」そのものなのです。

　だからこそ結婚相手は、「好き」「楽しい」「尊敬できる」といった一時的な感情で選ぶのではなく、「この人と一緒にいることで、自分の生活はより豊かになるか？」という視点を持つことが大切です。そこで、お相手選びで感情に流されそうになったとき、冷静に判断する助けとなるのが、マイルールです。

マイルールは、自分が日常生活で大切にしている信念や行動の基準です。誰かに押し付けるものでも、誰かに強要されるものでもありません。あなたと「共有」できる人をみつけることが、より幸せな結婚生活を送るための必須条件です。

例えば、あなたが「約束を守ること」を大切にしているなら、時間にルーズな相手との生活はストレスの原因になるでしょう。「人に迷惑をかけない」という信念があるなら、公共のルールを守らない相手にイライラを感じてしまうはずです。

恋愛の段階では気にならなかったことも、結婚生活では大きな問題になることもあります。今の自分にとって許せないことは、結婚後も基本的に変わらないのです。

Lesson3 では、さまざまな観点からあなたのマイルールを探っていきます。あなたが何を大切にし、どんなことにストレスを感じやすいのかを掘り下げてみましょう。

どんな人があなたの結婚相手にふさわしいのかがより具体的に見えてくるはずです。

あなたの価値基準について
書いてみましょう

Q 17

あなたが日常の中で幸せを感じる瞬間は
どんなときですか？

小さなことで構いません。おいしいものを食べたとき、おしゃべりしているとき、
1人で趣味に没頭しているときなど、いくつでも書き出してください。

Q 18

人からしてもらって「うれしい」と感じることは
何ですか？

感謝されたとき、励まされたとき、頼りにされたとき、意見を尊重してもらえ
たときなど、誰かにしてもらって心が温まったことを思い出してみましょう。

Q 19

人間関係において、あなたが大切にしていることは
何ですか？

嘘をつかない、感謝を伝える、約束を守る、聞き上手を心掛ける、明るく接す
るなど、良い人間関係を築くために心掛けていることを考えてみてください。

Q 20

日常生活で欠かせない習慣や、心掛けていることは
何ですか？

例えば、朝は必ずコーヒーを飲む、部屋をいつも片付けておく、リラックスで
きる時間を取るなど、普段の生活で大切にしていることを書き出してください。

Q 21

あなたにとってお金は、どのように使うのが理想的ですか？

生活を豊かにするために使いたい、趣味や贅沢を楽しむために使いたい、将来に備えて貯金したいなど、お金に対する考え方を具体的に書いてみてください。

Q 22

あなたがこれまで仲良くなった人には、どんな共通点がありますか？

趣味が合う、笑いのツボが同じ、頼りがいがある、一緒にいて落ち着くなど、仲良くなるきっかけや相手の魅力について振り返ってみてください。

Q 23

あなたが「嫌だな」と感じるのは、他人のどんな
行動ですか？

例えば、約束を破る、嘘をつく、公共のルールを守らない、他人を傷つけるなど、
自分を嫌な気持ちにさせる行動を具体的に考えてみましょう。

Q 24

これからやってみたいことや叶えたい夢はあります
か？

大きな目標でも小さな願いでも構いません。趣味を極めたい、旅行に行きたい、
あるいは仕事で成し遂げたいことなど、何でも書いてみてください。

あなたの価値基準について書いてみましょう

Q 25

人生において、あなたがとても大切にしていることは何ですか？

趣味や健康、友人や家族との関係、1人でリフレッシュする時間、仕事や将来の目標など、どんなことでも構いません。これまでの回答を振り返り、改めて「大切だ」と感じたことがあれば、それも書き出してください。たくさん書いた中で、結婚後も絶対に大切にしたいものに〇をつけてみましょう。

Q 26

あなたの人生にとって結婚とは何ですか？

例えば転職する際は、目的が「収入アップ」なら給料を重視し、「やりがい」なら仕事内容を優先します。同じように結婚も、どう定義するかで相手に求める条件が変わります。「経済的・精神的な安定を手に入れる」「一緒に夢を叶える」「自己成長の場」「人生を豊かにする」など、あなた自身の言葉で、結婚の意味や役割を定義してみてください。

理想の結婚相手を
定義してみましょう

　これまでの Lesson を通じて、自分自身をしっかりと見つめ直し、理想のお相手に出会う準備が整いました。いよいよここからは、感情（右脳）に流されずに、左脳を使って論理的に結婚相手に求める条件を整理していきましょう。

　これまでの Lesson では、あなたの幼少期や恋愛体験を振り返り、自分自身のマイルールを明確にしてきました。あなたが日々の生活で「何を大切にし、何を許せないと感じているのか」が少しずつ見えてきたはずです。

　では、そんなあなたにぴったりの結婚相手とは、どんな人でしょうか？　これからは、理想の結婚相手に求める条件を具体的に考えていきます。

　条件を考える際に大切なのは、「なぜ自分はその条件にこだわるのか？」という理由まで掘り下げてみることです。

　例えば、あなたが結婚相手に求める条件が「大卒以上の人」だとした場合、それはあなたの本当の望みなのでしょうか。もしかすると、それは小さい頃から「大学は出たほうがいい」と言われ続けた環境や、「親が喜ぶだろう」といった周囲の期待に沿っ

た希望かもしれません。他の人が選びがちな条件だから、自分も重視すると感じていただけ、ということもあり得ます。改めて理由を考えてみることで、「あれ？ この条件って実はそこまで重要じゃないかも」と気付くことがあるのです。

　結婚相手に求める条件をリストアップすることは、婚活を進める上で大切なプロセスです。しかし、そこで終わらずに、その条件をさらに見つめ直すことで、本当に自分がこだわっている条件を見極めることができます。

　Lesson4 では、質問に答えることで、理想の結婚相手の条件を具体的にリストアップしていきます。その次に、それらの条件が本当にあなたにとって必要なものなのかを見極めるワークも用意してあります。

　理想のお相手像がクリアになれば、ぶれることなく婚活を進めることができます。成婚に向けて大切なステップを踏み出しましょう！

理想の結婚相手の条件は何ですか？

Q27 〜 Q38 の質問については、選択肢の中から、あなたが望むものに○をつけてください。（複数選択可）

Q27

年齢

　　A：自分と同じ年か少し年上（5歳差未満）

　　B：自分より5歳以上年上

　　C：自分と同じ年か少し年下（5歳差未満）

　　D：自分より5歳以上年下

　　E：年齢は気にしない

Q28

学歴

　　A：高卒

　　B：短大・専門学校卒

　　C：大学卒

　　D：大学院卒

　　E：学歴にはこだわらない

Q 29

年収

A：300万円未満

B：300万円〜500万円未満

C：500万円〜700万円未満

D：700万円以上

E：年収は気にしない

Q 30

職業

A：会社員、公務員

B：士業、医師などの専門職、起業家

C：自営業やフリーランス、アーティスト

D：その他（具体的に _____ ）

E：職業にはこだわらない

Q31

居住地

A：都心に住んでいる

B：自分と同じエリアに住んでいる（1時間圏内）

C：地方（田舎）に住んでいる

D：遠距離のほうがよい

E：居住地にはこだわらない

Q32

外見や容姿

A：身長は気にする（＿＿＿＿＿＿＿＿cm以上・以下）

B：体型は気にする

C：容姿は気にする

D：身長、体型、容姿はある程度は気にする

E：外見にはこだわらない

Q 33

結婚歴・子どもの有無

- A：初婚の人がよい
- B：離婚歴のある人がよい（子どもなし or 別居中）
- C：離婚歴のある人で、子どもと同居している人がよい
- D：条件次第で離婚歴があってもよい

  （条件を具体的に：＿＿＿＿＿＿＿＿＿＿＿　）

- E：結婚歴や子どもの有無は気にしない

Q 34

兄弟構成

- A：長男または長女
- B：中間子（ただし長男・長女ではない）
- C：末子（ただし長男・長女ではない）
- D：ひとりっ子
- E：兄弟姉妹構成は気にしない

理想の結婚相手の条件は何ですか？

Q35

両親との関係性

A：両親との関係が親密で良好

B：両親とある程度距離を置いている

C：両親とは疎遠、または既に他界

D：その他（具体的に：＿＿＿＿＿＿＿＿＿＿＿＿）

E：両親との関係は気にしない

Q36

家事能力

A：料理、掃除など、家事全般ができる人

B：一緒に分担できる程度の家事能力があればよい

C：家事は苦手なほうがいい

（自分が家事を担当したい）

D：その他（具体的に：＿＿＿＿＿＿＿＿＿＿＿＿）

E：家事能力にはこだわらない

Q 37

趣味

A：自分と同じ趣味を持っている

B：自分とは異なる趣味を持っている

C：無趣味の人がよい

D：その他（具体的に：＿＿＿＿＿＿＿＿＿＿＿＿＿＿）

E：相手の趣味に関してはこだわらない

Q 38

喫煙・飲酒

A：喫煙も飲酒もしない

B：喫煙をしない（飲酒は OK）

C：飲酒をしない（喫煙は OK）

D：喫煙・飲酒の量による

E：喫煙・飲酒については気にしない

理想の結婚相手の条件は何ですか？

Q 39

結婚相手に求める人柄について、あなたが理想とする特徴は何ですか？

あなたが結婚したいと思うお相手の性格や特徴があれば、具体的にいくつでも書いてみてください。

（例）思いやりがある、穏やか、誠実、ユーモアがある、社交的、ポジティブなど

Q40

その他、結婚相手に求める条件があれば自由にい
くつでも書き出してください。

あなたが本当に望む条件を
見極めましょう

　これまでの質問に答えて、結婚相手に求める条件が少しずつ見えてきたと思います。次のステップでは、その中から「自分が本当に重視する条件」を見つけ出してみましょう。

STEP1

　Q27 ～ Q40 の中であなたが選んだ回答から、重要だと思うものをピックアップしてください（多くても 20 個までに絞ってください。Q38 までの選択肢で E を選んだ場合、その条件は優先度が低いのでスキップしても構いません）。

STEP2

　ピックアップした条件について、「なぜその条件が自分にとって大切なのか」という理由を書き出してみてください。

STEP3

　すべて書けたら、それぞれの条件を比べてみましょう。例えば、「年収」と「学歴」という異なる条件を並べたとき、どちらをより重視するかを考えます。何度も見直して、最終的にお相手に望む条件を 3 つに絞り込んでください。

　条件を絞り込むときには、あなたがなぜその条件を重要視するのか、その理由を考えてみましょう。例えば、「年収 700 万円以上がいい」

という条件が「自分が楽をしたいから」という理由だけでは、その条件を満たす相手に選ばれる可能性は低くなります。しかし、「自分がその生活水準で育ってきたため」という理由であれば、それは生活に直結する重要なポイントになります。このように、なぜその条件を必要とするのかを、その理由まで見つめ直すことで、本当に望む条件が浮かび上がってくるでしょう。

	望む条件	理由
1		
2		
3		
4		

あなたが本当に望む条件を見極めましょう

望む条件	理由
5	
6	
7	
8	
9	
10	
11	
12	

望む条件	理由
13	
14	
15	
16	
17	
18	
19	
20	

「気にならない条件」を積極的に 見つけましょう

　結婚相談所や婚活アプリでは、検索フィルターを使って理想のお相手を探すことができます。高身長や高学歴、高収入といった、「より良い条件」を設定したくなるかもしれませんが、同じように考える人はたくさんいます。一般的に、条件が高ければ高くなるほどライバルの数が増え、競争の激しい環境で婚活をしなければなりません。

　しかし、他の人が「絶対に嫌だ」と思う条件が、あなたにとって気にならない場合、それは大きな強みになります。例えば、「身長170cm 以上がいい」とこだわる人が多い中で、あなたが「身長は気にならない」と考えているなら、婚活の場での競争率がぐんと下がります。

　また、多くの人が重視しがちな条件は、それを満たしていない人にとってはコンプレックスに感じている部分かもしれません。人は、自分のコンプレックスを愛してくれる人に好意を抱きやすいものです。あなたが、もしそのコンプレックスを含めてお相手のことを愛せるなら、あなたはお相手から「運命の人」と認識されやすくなるでしょう。

　最短で理想のパートナーをみつけるには、あなたが「重視する条件」を考えるのと同時に、「気にならない条件」に目を向けることも大切です。

それでは、実際に書き出してみましょう。

STEP1

Q27 〜 Q38（P44 〜 49）で「E（気にしない・こだわらない）」を選んだものを、ピックアップしてみてください。それらは、他の人が結婚相手に求めがちな条件の中で、あなた自身が「気にしていない」と考えているポイントです。

STEP2

さらに、「一般的には重視されるけど、自分は気にならない」と思う条件や、「他の人がマイナスに感じそうだけど、自分にとっては問題ではない」と思えるポイントがあれば書き出してみてください。

「出会いメモ」を書きましょう

　ここまで、「結婚相手に求める条件」と「気にならない条件」を明確にしてきました。しかし、いざ婚活を始めて、実際にお相手に会ってみると、新たに気付くことが出てくると思います。そこで、おすすめしたいのが「出会いメモ」を付けることです。出会いメモは、理想の条件を見直し、自分自身を成長させ、本当に自分に合った結婚相手を少しでも早くみつけるために役立つツールです。

　お相手とデートしたとき、「食事のマナーが気になった」「会話のテンポが合わなかった」など、些細なことが気になり、「この人とは合わない」と結論付けてしまうことがあるかもしれません。しかし、それが本当にあなた自身の価値観に基づくものなのか、それとも一時的な感情に左右されたものなのかを冷静に見極めることが大切です。そこで役立つのが出会いメモです。

　出会いメモには、デート後すぐに感じたことを書き、少し日数を置いてからもう1度見直します。そうすることで、デート中に気になったことが「ただの気分の問題」だったのか、それとも自分の価値観に基づくものだったのかを冷静に判断することができます。もし「なぜこんなことが気になったのだろう？」と思ったら、それは一時的な感情に左右されただけかもしれません。次回のデートでは、より冷静にお相手と接することができるでしょう。

反対に、時間が経ってもその気持ちが変わらないのであれば、それはあなたの価値観に直結している可能性があります。お相手に求める条件は、出会いを通じて洗練されていくものです。出会いメモを付けることで、一時的な感情に流されることなく、一歩ずつ幸せな成婚へと近づいていけるでしょう。

「出会いメモ」の書き方

デートが終わったら、その日のうちに以下の項目を記録しましょう。

① 日付け
② お相手の名前と年齢
③ 会話の内容や起こったできごと
④ あなたが感じたこと
⑤ 自分がどう対応したか
　（頑張った点や、自己評価も書きましょう）

少し日数を置いてから、③〜⑤を見返し、客観的に振り返ってみてください。そうすることで、感情に流されることなく、あなたがこだわる条件をさらに明確にしていけるでしょう。

鏡 の 法 則

　恋愛や結婚は、究極のコミュニケーションだと私は感じています。こんな素晴らしい関係づくりはないと思いますが、唯一無二の存在を探す「婚活」となると、その目は誰しもが厳しくなりがちです。

　私の元には、「相手と価値観が合わない」「コミュニケーション力が低くて話が盛り上がらない」「相手は私に興味がないんじゃないか」といったお悩み相談がよく来ます。初めて会う相手の前で、当然緊張したりもするでしょう。しかし、そのような経験をしたとき、自分にきちんと置き換えることで、幸せな結婚を手に入れるきっかけをつくることができます。

　「鏡の法則」という考え方を知っていますか？　相手に感じる「嫌だな」「気掛かりだな」といった部分は、実は自分が持っているものだといわれています。自分自身が嫌だと思っていることや、潜在的に持ち合わせていることなどを他人に投影して見てしまうわけです。

　多くの人は自分の中での当たり前や正しさといった

価値観を持っていて、相手をその基準に照らし合わせ「この人は変な人」「この人は合わない」などと判断しています。私が結婚相談所をスタートしたときも、相談に来る人たちの価値観に驚くことがありました。それまで私が過ごしてきたグラビアアイドルや銀座のホステスといった世界から見ると、彼らの発言や考え方のすべてが斬新に感じられたのです。でもよくよく考えてみると、世の中からしたら私のほうこそ少数派。友人からもよく「あなたが変わっている」と笑われます。

　相手をジャッジする目は、時には必要。でも婚活を卒業するためには、相手の態度や言動に引っ掛かりを覚えたときに、なぜそう感じるのかを自問自答することが大切です。嫌な気持ちになったら、自分に気付きを与えるために出会えた人だと捉えてみてください。

　相手は「自分を映し出す鏡」だと思えば、多くの出会いがある婚活は、自分を見直し、前向きに進むための、成長の糧にできるはずです。

妥協しない結婚って？

　婚活をしていると、つい相手の小さな「欠点」に目がいってしまうことがあります。人は、「自分に自信がない」「未来が不安」という気持ちが強いほど、それを裏付ける証拠を探し、ネガティブな情報に焦点を合わせやすくなります。

　ともみさん（仮名・43歳）もそうでした。真剣交際に進んだとおるさん（仮名・44歳）の箸の持ち方が「生理的に無理かもしれない」と悩み、交際を終わらせようとしていたのです。彼女は、「私の家は箸の持ち方や礼儀をとても重んじているので、家族が見たら何て言うか……」と不安を打ち明けてくれました。「ともみさんは誰のために結婚をするんですか？」「ともみさんがつくりたい家族像はどんなものでしたっけ？」とカウンセリングで尋ねましたが、彼女の不安は完全には消えません。そこで私は、こんな提案をしました。「何も言わずにお断りするくらいなら、はっきりと伝えてみてはどうですか？　彼を傷つけるかもしれないけど、

今後の人との関係づくりをする上でも、言いたいことを伝えることは大切なことですよ」

　後日、ともみさんは勇気を出して、とおるさんに箸の持ち方が気になることを伝えました。すると、とおるさんは、営業車の中に箸を持ち込み、持ち方を直すトレーニングを始めたのです。その姿を見たともみさんは「こんなに愛情深い人はいない！」と感動し、「彼となら私の求める家族像が叶う！」と婚約を決意しました。今、ともみさんは子どもにも恵まれ、彼のことをのろけまくるほど、幸せな日々を送っています。

　婚活は完璧な人をみつけることではありません。しかし、欠点に目を瞑り「妥協」を感じたまま結婚しても幸せにはなれないでしょう。ともみさんは、相手と真正面から向き合い、自分の気持ちを正直に伝え、共に解決策を見つけたことで、それまでこだわっていたことを手放すことができました。「妥協」だと思っていたことが「愛」に変わったのです。

Chapter 3

Your life after marriage

結婚後の生活を
イメージして
行動しましょう

結婚後のビジョンを描きましょう

　理想の未来を具体的に描くことは、幸せな結婚生活への第一歩です。結婚後のビジョンをお相手とも共有することで、2人で歩む幸せな未来を現実のものにできます。

　婚活は、恋愛の延長にあるものではなく、結婚生活を前提としています。だからこそ、婚活では結婚後の生活を見据え、具体的な対策をすることができます。これは、婚活ならではの大きなメリット。恋愛から結婚に至ると、この「事前対応」が難しいため、価値観の違いや生活スタイルの不一致が結婚後に表面化しやすくなります。

　お相手とどのような家庭を築きたいか、どんな価値観を共有したいかを明確にし、事前に話し合うことができれば、結婚後の生活で思わぬギャップに直面することもなくなります。

　例えば、「子どもが生まれても夫婦の時間を大切にしたい」と考えている場合、婚活の段階で「子どもが生まれても、月1回、夫婦だけでデートしたい」と、具体的なビジョンを共有しておきましょう。ビジョンを共有しないまま結婚まで進んでしまうと、子どもが生まれてから「夫婦の時間をつくりたい」と言っても、お相手がそれを重要と思っていない場合、叶えるのは難しくなっ

てしまいます。

　幸せな結婚生活は、お互いが大切にしていることを尊重し合える関係でなければ成り立ちません。そのために、未来の生活を具体的に想像し、そのビジョンについて共有しておくことが大切です。もしイメージするのが難しければ、身近な憧れの夫婦を思い浮かべてください。

　次の Lesson5 では、これまで描いてきた理想のお相手との結婚後の生活を具体的に想像してみます。1年後、あなたとお相手はどんな夫婦関係を築き、どのような生活を送っているでしょうか。

　そして、結婚後の生活をイメージできたら、Work1（P52 〜55）に戻って、自分が理想とする条件が、未来のイメージと整合性が取れているかを見直してみてください。

　具体的な未来を描き、現実と照らし合わせることで、婚活の方向性が明確になります。そして、運命のお相手との幸せな結婚生活に踏み出すことができるのです。

1年後、どんな結婚生活を送っていたいですか

これから出会うお相手（または既に出会っているお相手）との1年後の結婚生活を具体的に想像し、1（そう思わない）から5（そう思う）までの選択肢から選んでください。

Q41 仕事は続けたいと思いますか？

Q42 生活水準を今より良くしたいと思いますか？

Q43 家計を自分で管理したいと思いますか？

Q44 夫婦一緒の時間をたくさん持ちたいと思いますか？

Q45 夫婦生活では主導権を握りたいと思いますか？

Q46 お相手と家事を分担したいと思いますか？

Q47 都心で暮らしていたいと思いますか？

Q48 子どもを持ちたいと思いますか？

Q49 お相手の家族と親密な関係を築きたいと思いますか？

	1 そう 思わない	2 あまり 思わない	3 どちらとも いえない	4 やや そう思う	5 そう思う

理想の結婚生活に向けて
行動しましょう

未来をより具体的に描いてみましょう。理想の結婚生活にぐんと近づくための原動力になります。

Lesson5（P68 〜 69）で想像した未来の結婚生活は、Work1（P52 〜 55）で明らかにしたお相手の条件と合致していましたか？ 理想のお相手や結婚生活を手に入れるためには、あなたがその理想に向かって行動しなければなりません。

理想を持つことは、人間だけが持っている特別な力です。そして人は、「その理想が手に入れられる」と信じ、行動することができます。婚活においても、ビジョンを描き、そこに近づこうとすることで、幸せな未来を手に入れることができます。

そこで注目したいのが、あなたの身近にいる「ロールモデルにしたい理想の夫婦」です。人は、自分の価値観や感覚に合った環境にいると心地良く感じるものです。ビジネスの世界では、「年収を上げたければ、自分より年収の高い人と付き合うのが近道」といわれます。婚活でも、あなたの理想の夫婦をお手本にすることで、理想のビジョンに近づくことができます。

それでは、Lesson6 の質問に進みましょう。

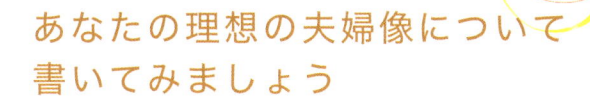

あなたの理想の夫婦像について
書いてみましょう

Q 50

結婚生活のお手本にしたいと思う、身近にいる理想の夫婦を教えてください。

その夫婦のどんなところが理想的だと思いますか？　具体的に書いてみてください。

Q 51

その理想の夫婦に近づくためには、どんな行動を取ればよいと思いますか？

あなた自身が今からできることや、意識したいことを書き出してみてください。

早く運命の人に出会うために

　婚活は、出会う量を増やせば必ず運命の人に出会える……というわけではありません。婚活で大切なのは"量"ではなく"質"を上げること。そのためには、この本で取り組んだ「自分自身の価値観を知ること」「自分の理想とするお相手を明確にすること」に加え、「マーケット選定を間違えないこと」がとても重要です。マーケットとは「売り込む場」。つまり、婚活でいえば「出会いの場」のことです。可能な限り、自分という商品の市場価値が最も上がるマーケットで勝負しましょう。

　以前、婚活パーティーに参加しようとしていた35歳の女性から「どうしたらいい人と交際できるか？」と聞かれたことがありました。彼女が検討していたのは「男性年収600万円以上」のパーティ。条件だけ見ると魅力的ですが、参加女性の年齢制限は「28歳から36歳まで」。このような場では、若い女性に注目が集まりやすく、彼女が目立つのは難しい状況です。マーケット選びでは「自分が出会いたい人」だけに焦点を当て

るのではなく、「自分が一番魅力的に見える場」を選ぶことが大切です。彼女の場合なら「女性35歳以上」のパーティーが正解。もっといえば、35歳女性なら、パーティーより結婚相談所のほうが「モテ」マーケットです。

正しいマーケット選定ができれば、少ない出会いの回数でも成婚が可能ですが、間違えると100人出会っても成婚できないこともあります。実際2年間もアプリ婚活をしていた人が、マーケットを変えただけで、1人目で運命の人に出会えた例もあります。

「ピンとくる！」「キュンとする」などの右脳に頼る婚活は、「宝くじ婚活」と同じ。当たりが出るまで運任せにするのではなく、左脳婚活で「自分を知る」「理想のお相手を明確にする」に加え、「自分がモテるマーケットを選ぶ」の3つを掛け合わせることが、早く運命の人をみつける秘訣です。もし、婚活を頑張っているのに、なかなか運命の人に出会えなかったら、マーケット選びを見直してみてください。

運命の相手の見極め方

　私の元には、「最終的にどんな人を選べばいいの？」「結婚相手の基準が分からない」という相談がよく寄せられます。そんなときはいつも「自分が感じているマイナス面を愛してくれる人が運命の相手」と伝えています。

　以前、私の結婚相談所で妹が婚活をしていたことがありました。妹にとっての大きな悩みは、姉である私が担当仲人（相談所で婚活をサポートする担当アドバイザー）であることでした。彼女がそのことをお見合い相手に打ち明けると、たいてい警戒されたそうです。妹は、ますます相手に伝えづらくなり、悩むようになりました。

　そんな彼女が、こうたさん（仮名）と出会ったときのことです。こうたさんの担当仲人は私でした。こうたさんの入会面談のとき、私は「妹に合う！」と直感し、彼の1人目のお見合い相手として妹を紹介したのです。2回目のデートで、妹は勇気を出して「実は私の担当仲

人は姉です」と打ち明けました。 すると、こうたさんは、すぐにこう言ったのです。「嬉しい！　早織さんは、自分の大切な家族を僕に紹介してくれたんだね」―― 彼は今、妹の夫となり、2人は幸せな家庭を築いています。

　自分にとって言いにくいことや、今まで周りから否定されたこと、本当は知られたくないことは誰にでもあります。でも、それはお互い様です。心理学の「ジョハリの窓」では、「自分は知っていて他人には隠している部分」を「秘密の窓」と呼びます。勇気を出して「秘密の窓」を開放（自己開示）したときのお相手の反応こそ、結婚相手として自分にふさわしい人かを見極める大きな基準になります。

　もちろん、逆も同じ。お相手があなたに「秘密の窓」を開いた瞬間、あなたがそれを受け入れられる器があるかどうかも、とても重要です。「人として器が大きい」「心が広い」とは、こういうことかもしれないと私はいつも感じています。

自分の魅力を再発見しましょう

あなたが短所だと思っている部分は、実はあなたの魅力であり、大きな強みです。自己否定から解放され、輝くあなたを取り戻しましょう。

あなたには、どんな長所と短所がありますか？ 多くの人は、自分の長所よりも短所に目が行きがちです。特に婚活中は、自分と向き合わなければならない場面が多いので、うまくいかないことがあると「自分のここがダメだ」と、自分を責めてしまうかもしれません。

「自分を変えないと結婚できないのでは？」と焦りを感じることもあるでしょう。けれど、婚活において、あなたが無理に直すべきところは基本的にありません。

もちろん、理想のお相手をみつける過程で改善すべき点に気付くことはあるでしょう。でもそれは「ダメなところを直す」ことではありません。むしろ、今の自分が持っている良いところに気付くことのほうが大切です。これまで、何年もかけて築き上げてきたあなた自身を無理に変えるより、既に持っている長所を活かすほうが、自然で効果的ですし、あなたらしい魅力を引き出すことができます。

完璧な人はいません。むしろ、欠点があるからこそ人は人間らしく、他者に安心感を与えます。人は、完璧すぎる人よりも、どこか「隙」がある人に親しみやすさを感じ、信頼を寄せやすいものです。

もしあなたが、自分の欠点や弱みにばかり目を向けて、自信を失っているとしたら、「リフレーミング」を試してみましょう。

リフレーミングとは、短所を長所として捉え直す方法です。短所と長所は表裏一体です。見方を変えるだけで、どちらにも当てはまります。例えば、コップに半分の水があるとき、「まだこんなにある」と捉えるか、「もうこれしかない」と捉えるかで、受け取り方がまったく違ってきます。同じように、あなたが短所だと思っている部分も、考え方次第で魅力に変わるのです。

次の Work4 では、あなたが「短所」だと思っていることをすべて「長所」に変換するリフレーミングの方法を取り入れて、あなた自身の魅力を再発見していきます。

自己否定から解放され、自分の強みを再確認することで、婚活の成功に向けて大きく前進できるはずです。

あなたの短所を考えてみましょう

リフレーミングで、あなたの新しい魅力を発見してみましょう。まずは、以下のリストから、自分に当てはまりそうだと思う項目の番号に○を付けてください。

1	せっかち	14	繊細
2	頑固	15	我が強い
3	視野が狭い	16	おせっかい
4	面倒くさがり	17	プライドが高い
5	心配性	18	理屈っぽい
6	優柔不断	19	不器用
7	マイペース	20	ケチ
8	協調性がない	21	ネガティブ思考
9	人見知り	22	お調子者
10	負けず嫌い	23	臆病
11	緊張しやすい	24	こだわりが強い
12	流されやすい	25	自信がない
13	飽きっぽい	26	気まぐれ

リフレーミングであなたの
「本当の長所」を見つけましょう

P78〜79で○を付けた番号と同じ番号に○を付けてください。そこに書かれている項目の内容が、あなたの魅力であり長所です。短所だと思っていた部分が、別の視点から見ると大きな強みになることを味わってみましょう。

1	決断や対応が早い
2	信念がある、芯が強い
3	集中力がある
4	効率的
5	計画性がある
6	慎重、思慮深い
7	流されない
8	主体性がある
9	時間をかけ深い関係を築ける
10	向上心が強い
11	周到な準備ができる
12	柔軟性と適応力がある

13　好奇心がある

14　感受性が強く気遣いができる

15　自分の意見を持っている

16　相手を思って行動できる

17　上昇志向と向上心がある

18　理論的に考える

19　真面目で誠実

20　予算管理ができて堅実

21　慎重に多角的に考える

22　明るく周囲への配慮ができる

23　慎重に謙虚に行動できる

24　意志が強い

リフレーミングであなたの
「本当の長所」を見つけましょう

25	客観的に自分を見られる
26	情報感度が高く状況に合わせる
27	自分を強く持ち周囲に流されない
28	自分の頭で考えられる
29	物事を突き詰めて考える
30	感情をコントロールできる
31	周囲に惑わされない
32	最後までやり通す
33	人の懐に入る交渉力がある
34	行動力がありアクティブ
35	誠実でコツコツ取り組む
36	黙々と作業ができる
37	自分の世界がある

あなたの身近な人に聞いて みましょう

　婚活を成功させるためには、自分の価値や魅力に気付き、自信を持って取り組むことが大切です。しかし、自分に対する評価が低く、自信が持てないまま婚活を進めてしまう人もいます。自分の認識と周りの評価にギャップがある場合、そのズレが婚活を難しくしてしまうこともあります。

　これまでのリフレーミングワーク（P78〜83）では、あなた自身の魅力を再発見しました。これに加えて、ぜひ試してほしいのが、身近な友人や家族に「私ってどういう人？」と聞いてみることです。身近な人の意見を取り入れることで、より客観的な視点から自分の魅力に気付くことができます。自分では当たり前だと思っていたことが、他の人から見ると大きな魅力に映っていることはよくあります。

　周りからの評価は、あなたの普段の行動に基づいたものです。実際に表面化しているあなたの魅力であり、確かな強みです。「友達を大切にしている」「いつも冷静で頼りになる」など、身近な人があなたをどう見ているかを知ることで、新しい発見が得られるはずです。自信を深める大きなきっかけにもなるでしょう。

　面と向かって尋ねるのが照れくさいときは、メールやLINEなどを使っても構いません。質問するときは、まず相手の良いところを伝えると、スムーズに聞きやすくなります。

それでは、実際に尋ねてみましょう。

「私って何を大切にして生きていると思う？」

答えをもらったら、Lesson3 の Q25（P40）であなたが書き出した内容と比べてみましょう。自己認識と他者の評価にどれくらいのギャップがあるかが分かるはずです。

さらに、「私の長所って何だと思う？」「私があなたにしてあげたことでうれしかったことはある？」など、質問を広げてみてもよいでしょう。身近な人が感じているあなたの魅力をたくさん教えてもらいましょう。

もし、短所を指摘されることがあれば、P78 〜 83 に戻ってリフレーミングを実践してください。その短所を新しい長所として捉え直せば、あなたの強みに変わります。

あなたの長所を書き出してみましょう

　Work4〜5（P78〜85）を実践してきたあなたは、自分にたくさんの魅力が備わっていることに気付けたのではないでしょうか。自分では当たり前だと思っていたことが、友人や家族の意見を通じて、新たな魅力として発見できたかもしれません。

　それでは、最後のワークです。改めてあなたの長所や魅力を具体的に書き出してみましょう。自分自身で感じていた良さ、リフレーミングで捉え直した長所、周りの人に教えてもらった魅力……。自由に思いつくまま、右ページに書き出してみてください。短所と思っていた数よりも、たくさん長所が見つかったのではないでしょうか？

　このリストは、お相手に自分の魅力をアピールするための大切なヒントになります。長所を明確にしておくことで、自信を持ってお相手と接することができるでしょう。

　そして、もし婚活中に自信を失いそうになったり、悩んでしまったりしたときは、このページを見返してください。あなたが魅力あふれる素敵な人であることを、何度でも思い出すことができるはずです。

● あなたの長所を書き出してください。

3回のデートで相手を見極める

　結婚相談所では、「仮交際」という期間を設け、3回目のデート終了後に、お相手との関係を「真剣交際」に進めるか判断してもらいます。この「3回で見極める」という方法は理にかなっていて、恋愛市場でも、出会って3回目で告白する人が多いというデータがあります。私自身も社会人になってから告白を受けたのは、たいてい出会って3回目でした。マッチングアプリなど、恋愛要素が強い場合は、3回目で告白（どちらか一方に恋愛感情があるということを認識する状態）され、5回目のデートあたりでお付き合いに至るケースもあります。

　期間でいうと約1ヵ月。人はこの期間で相手への気持ちを確認できるということです。それ以上会う回数を重ねても、結果がさらに良くなるというわけではありません。

　3回で相手を見極めるポイントは「時間」「内容」「会話」です。デートを重ねるにつれ、少しずつ時間を延ばしながら、お互いに楽しめることを共有していくこ

とで、心が開きやすい状態をつくっていきます。そこで、
私がおすすめしているデートの法則をお教えします。

◎１回目のデート：お互いを知る時間

　１回目は、３時間程度の短いデートがおすすめです。
ランチやカフェで軽くお茶をしながら、会話は、趣味
や最近観た映画の話など、たわいないもので OK。この
たわいない話こそ、相手の好きなことの情報を得るこ
とができます。大切なことは、「もっと一緒にいたいな」
と物足りなさを感じる段階で終わること。最初に「今
日は予定があるので３時間くらいで」と伝えておけば、
自然と切り上げやすくなります。

◎２回目のデート：一緒に体験を共有する

　２回目は、映画や美術館、謎解きイベントなど、共
通の体験ができる４〜５時間程度のデートがおすすめ
です。このタイミングでは、お互いの経歴を話します。

　学生時代の思い出や、今の仕事を始めたきっかけ、家族のことなど、過去を遡ることで、お相手との共通点や、考え方の背景が見えてきます。価値観は、過去の経験や体験からつくり上げられるものなので、「なぜこれが嫌なのだろう？」「なぜこういうのがうれしいのだろう？」と理解する手がかりになるでしょう。この時点で、後で紹介する「恋バナ」をしてみるのもおすすめです。

◎３回目のデート：距離を縮める

　３回目は、ドライブや日帰り旅行など、６時間程度の少し長いデートを計画しましょう。普段とは違う場所に行くことで、相手の隠しきれない本音が垣間見られます。このタイミングの会話で大切なことは「自己開示」です。言いにくいことや自分の価値観を、「あなたにしか言えないんだけど」と前置きして伝えることで、絆が深まります。結婚相手としてふさわしいかを見極める判断材料にもなるでしょう。

◎「恋バナ」で心の距離を縮める

　2回目か3回目のデートでは、「恋バナ」も効果的です。恋バナが盛り上がる関係は、どちらかに好意がある証拠。恋がスタートする前ぶれです。ただ、自分の過去の恋愛話は、嫉妬を招き、楽しめないこともあるので、注意が必要です。私がよくしていたのは「100年の恋も冷める瞬間ってどんなとき？」「喧嘩をしたら引きずるタイプ？」「友達がパートナーに浮気されて悩んでいるんだけど、どう思う？」「結婚式はしたいタイプ？」など。「もし……？」という仮定の話や友達のエピソードを交えた質問なら、会話が弾みやすいでしょう。

◎3回目で決められないときは？

　潜在意識の中で何かがブレーキをかけているのかもしれません。そのときは、改めて「自分がどんな未来をつくりたいのか」「その未来をお相手と共有できるか」を考え、自分の気持ちを整理してみましょう。

新たな人生を踏み出そうとしているあなたへのエール

　結婚は、「人生を共に歩むチーム」を築くことです。恋愛で「好き」という感情を一番大切にしていた人も、結婚となると、「一緒に生活していく」という現実的な側面を考える必要が出てきます。そのために、感覚だけでお相手を選ぶのではなく、左脳を使って冷静に自分の価値観を見つめ直すことが、婚活を成功させるカギになります。

　結婚生活には、もちろん楽しいことだけでなく、時にはつらいことや困難もあるでしょう。パートナーとの間で意見がぶつかることもあります。

　そんなときは、ぜひ、この本を引っ張り出して、婚活中の自分の頑張りを思い出してほしいのです。「私、こんなに頑張ってきたんだから、やっぱりこの人を大切にしよう」「これまで一緒に歩んできたんだから、もう一度話し合おう」と感じてもらえたら、この本はあなたの人生の一部として役立てたといえるでしょう。

また、結婚生活を長く続けていく中で、あなた自身の価値観や目標が変わることもあるかもしれません。そんなときには、パートナーと「2人のビジョン」について話し合ってください。結婚生活で大切なのは、ただ我慢するのではなく、2人で共有できる目標やビジョンを持つことです。どんな小さなことであっても構いません。「いつかカフェを一緒に開きたい」とか、「子どもが成長したら2拠点生活を楽しみたい」など、お互いに語り合うことで、困難な時期を乗り越えやすくなります。

　ビジョンが共有できないときや、お互いの方向性が完全にずれてしまったと感じたときには、離れることも選択肢の1つです。しかし、少しでも共通のビジョンがあるのなら、もう一度その道を2人で進んでみる価値はあるでしょう。結婚生活は、忍耐の上に成り立つものではありますが、その忍耐は「今のつらさをただ我慢する」ものではなく、2人の未来を一緒に描き、それに向かっていく努力の一部として捉えることが大切です。

恋愛結婚では、初期の満足度は非常に高いですが、長い目で見たときにお見合い結婚のほうが満足度が高いというデータもあります。恋愛結婚では、「やっと一緒になれた」と感じる高揚感が強い一方で、お見合い結婚では「結婚という目的」を意識して相手を選び、現実をしっかりと見据えているためです。

結婚を「制限」や「コスト」として捉える考え方も時に耳にしますが、結婚は相手に〝貢献〟する場でもあり、お互いに支え合うことで成り立ちます。この相手への貢献が、独りでは得られない深い喜びや人としての成長をもたらしてくれます。

誰かのために行動し、その人と共に幸せをつくり上げる喜びを知ることは、とても価値のあることです。

私たちは本来、1人で生きる生き物ではありません。家庭を持ち、互いに支え合うことは、人としての成長や満足感をもたらしてくれるでしょう。

もし、あなたがこの本を使い終わった後も、何かに悩んだり、つまずいたりすることがあったときには、ぜひまた開いて、自分の過去の努力や成長を振り返り、あなたの幸せな未来を信じて歩み続けてください。

　そして、いつかあなたの大切な人や子どもが婚活に悩んでいるときに、あなたが書き込んだこの本を見せて、「私もこんなに頑張ったんだよ」と伝えられる日が来ることを願っています。

　この本を通して、あなたが自分の価値観を見つめ直し、理想のパートナーとの未来を描く手助けができたなら、私にとってこれ以上の喜びはありません。

　この本を手に取ってくれたあなたの未来が、より豊かで幸せなものになるよう、心から願っています。

婚活は「親離れ」の第一歩 親の影響を乗り越えるために

多くの人は、親の価値観や期待に良くも悪くも影響を受けながら成長します。生まれたときから親と長い時間を共有する中で、親の言葉や考え方が、知らず知らずのうちに自分の判断基準に入り込むことがあります。逆に、親を反面教師にして、異なる価値観を持とうとする場合もあるでしょう。

そういった傾向は婚活においても表れます。結婚は本人同士の問題と分かっていても、親の意見や期待を無視できない人は多いのではないでしょうか。「親に喜んでもらいたい」「親を安心させたい」という気持ちは、子どもとしてごく自然な感情です。しかし、その気持ちが強くなり過ぎて、自分の本当の気持ちが分からなくなることがあります。

結婚は親と過ごしてきた生活を卒業し、自分自身で新しい人生を始める、文字通りの「親離れ」です。親の価値観や意見を尊重したとしても、最終的に決断するのは自分自身。そのためには、まず自分が本当は何を望んでいるのかを見つめ

直すことが大切です。「この人と結婚したい」という気持ち
が、親を安心させたいという理由からなのか、それとも自分
の心からの希望なのかを冷静に考えてみてください。

　とはいえ、これまで親の期待に応えることを重視してき
た人にとっては、「自分で決断する」というプロセスは簡単
ではありません。そんなときにおすすめしたいのが、一人
旅に出掛けることです。日常の環境から離れ、自身で選択
を重ねながら行動することで、自分と対話する時間が生ま
れます。その中で、「自分はどんな未来を望んでいるのか」「本
当に求めているものは何か」という問いに答えられるよう
になります。また、このような時間を持つことで、親と別々
の人生を歩むための「覚悟」を持つこともできます。

　もし、親の期待に応えられず、反対されたとしたら、精
神的に大きな負担となるかもしれません。しかし、自分が
幸せになれると信じた選択であれば、勇気を持って突き進

結婚は「親離れ」の第一歩　親の影響を乗り越えるために

む「覚悟」が必要です。親は子どもに対する愛情から、幸せを願ってさまざまな期待を抱きます。親が自分に何を期待しているのか、その背景を理解することも、覚悟を持つ手助けになります。親が特定の価値観を重視する理由には、親自身の経験や信念が関係している場合が多いものです。例えば、親が子どもの結婚相手の職業を重視する背景には、過去に親が経験した苦労や後悔が反映されているかもしれません。こうした理由を知ることで、親と別の道を進んでも幸せになれる確信を持てるはずです。親との対話の糸口が見つかることもあるでしょう。

また、時にはあなたではなく、お相手が親の影響を強く受けて、結婚をためらうこともあると思います。そのような場合は、衝突を恐れず、勇気を出して自分の気持ちを話してみることも大切です。その上で、焦らず相手のタイミングを尊重しましょう。結婚は、双方のタイミングが合致することが不可欠です。もしタイミングが合わない場合は、

無理に関係を続けるのではなく、別の道を選ぶことも一つの方法です。

　親の影響は決してネガティブなものではありません。親との関係を振り返ることで、自分の価値観を見直すきっかけになることもあります。親の期待とは異なる道を選んだ場合でも、それを乗り越えようとする努力が、あなたの成長につながるでしょう。逆に、親の期待に応える選択をした場合でも、それを「自分で決めた」と確信できれば、後悔のない選択になります。

　婚活は、親との関係を再評価し、自分自身の価値観を見直す貴重な機会です。親の期待に応える選択も、親とは異なる道を選ぶ決断も、どちらもあなたの人生にとって意味のある選択です。最も大切なのは、自分の幸せを基準に考え、心から納得できる人生を歩むことです。その選択が、あなたにとって最もふさわしい未来の始まりになるはずです。

婚活で後悔しないために！
危険な相手を見極めるサイン

　恋愛中や婚活では、相手の短所が見えにくくなることがあります。いわゆる「恋は盲目」の状態です。特に婚活中は結婚を意識するあまり、理想の人を求める気持ちが強まり、冷静な判断が難しくなることも少なくありません。そのため、婚活中にロマンス詐欺に遭う、既婚者に騙される、DV傾向のある人との関係に苦しむといったケースも見られます。

　被害に遭わないためには、相手にのめり込んで「恋は盲目」状態になる前に、相手の言動を冷静に受け止め、危険な兆候を見極めることが大切です。

　ここでは、婚活で「この人は危険かも」と気付くためのポイントを解説します。もし心に引っ掛かるサインを見つけたときは、慎重に対処しましょう。1人だけで判断できないときは、信頼できる友人や家族、場合によっては専門家の助けを借りるなど、常に第三者に相談する環境を整えて

おくことも安心につながります。

✕ 金銭的要求をされる

結婚前に、どんな理由であれ、「お金を貸してほしい」と言われた場合には注意が必要です。相手が本当に信頼できる人かどうかを判断する材料と考え、すぐにお金を貸さずに、断る勇気を持ちましょう。もし断ることで関係が壊れるようなら、その先の結婚生活もうまくいかないと考えるようにしてください。不安を感じたら信頼できる周囲の人に相談することを忘れないでください。

✕ 自分以外の人への態度が横柄

相手の本質を見極めるには、あなたに対する態度だけではなく、周囲の人への接し方に注目しましょう。自分には優しいのに、店員さんや家族に対して横柄な態度を取る場合、それは相手の隠された性格の一面かもしれません。結婚後に同じような態度が自分に向けられる可能性があります。

婚活で後悔しないために！　危険な相手を見極めるサイン

✕ 暴力的な言動がある

怒りっぽく、暴力的な言動が目立つ相手も要注意です。例えば車の運転中に、些細なことで怒りを爆発させるなど、感情のコントロールが効かない場合、結婚生活においても同じような問題が発生する可能性があります。恋愛初期ではうまく隠されていることもありますが、ストレスの多い場面での相手の態度や言葉遣いに注目してみてください。

✕ 性的な要求が過剰

自分の気持ちを無視して過剰に性的要求をしてくる相手には注意が必要です。結婚相談所では、トラブルを未然に防ぐため、通常は婚前交渉（婚約が成立する前の性交渉）を禁止しています。アプリやパーティーでの婚活でも、「結婚を前提とした誠実な関係」であることをお互いに認識し、自分の気持ちを大切にしてください。

✕ 指摘に対して極端に攻撃的になる

相手の言動について違和感を感じたら、正直にそれを伝えてみましょう。そのときの反応は重要な判断材料になります。結婚後、互いの意見が食い違う場面は多々あります。冷静に話し合えるかどうかは、結婚生活を送る上で欠かせないポイント。指摘に対して極端に攻撃的な態度を取る場合、結婚後も同様の対立が繰り返される可能性があります。

✕ プライベートが分からない

長く付き合っているのに「自分を家に上げてくれない」「親や友達を紹介してくれない」場合は注意が必要です。特に結婚を前提にした関係でこれらが曖昧にされる場合は、既婚者や詐欺師である可能性を疑うべきです。ただし、周到な詐欺師の場合、別に用意した家を見せることもあるため、他の要素と合わせて慎重に判断しましょう。

著者略歴

山本早織（やまもと・さおり）
株式会社Weave代表取締役

16歳でグラビアアイドルとしてデビュー、27歳のとき
に4年間の遠距離恋愛を実らせ結婚し、芸能界を引退し
たものの2年で離婚。その後、銀座のホステスを経て結
婚相談所「Agum」を開業。自身の離婚経験から、恋愛
と結婚は別のものであると気付き、人間関係をより良く
するための選択理論心理学を学ぶ。「左脳を使った婚活
は、運命を切り開き幸せな結婚生活を実現するためのト
レーニング」と捉える独自のコンサルティングで、今ま
でに1万人以上をサポート。数多くのメディアで恋愛コ
ンサルタントや女性起業家として取り上げられる。
2018年からウェブ媒体『日刊SPA！』で恋愛コラムを
連載中。

最短で運命の人をみつける！ 左脳で婚活

2025年3月3日 第1刷発行

著 者 株式会社Weave代表取締役 **山本早織**

協 力 菅谷友紀（医療法人社団 平成医会）

発行人 海野雅子

発 行 サンルクス株式会社
〒136-0076 東京都江東区南砂1-20-1-403
電話 03-6326-8946

発 売 サンクチュアリ出版
〒113-0023 東京都文京区向丘2-14-9
電話 03-5834-2507

印 刷 株式会社シナノ

装丁・デザイン サンルクス制作室

イラスト 平野瑞恵

ISBN978-4-8014-8354-5 C0095 ￥1700E